皇清敕建明崇禎帝碑記

臣嘗觀古今治亂之迹，邦國興替之由，使後之人得而考焉，以爲法戒者，其義莫詳於史。大約國之興也，創業開基之君莫不有順天應人之舉，積功種德，爲累葉之所憑藉。其亡也，必末季之主或天資刻薄，殘民以逞；或黯弱昏庸，太阿旁落；或甚而縱欲敗度，滅裂綱常，種種失德，難以枚舉，皆因自取滅亡之道。即國祚之修短不同，而覆敗相尋，异世一轍。《書》曰：「與治同道，罔不興；與亂同事，罔不亡。」非虚語也。

我皇上聰明睿知，典學惟勤，涵沐六經之暇，尤研精史書，舉前代之是非，往事之成敗，靡不溯源窮委，一一究其指歸，而於明朝興亡本末，更瞭如指掌。於是深晰崇禎帝之所以失天下者，厥咎有在，非末世亡國之君可同年而語也。但當時既無實録，日慮多傳疑，每厪睿懷之憫惻，於順治十四年二月内，爰諭工部立碑表章，恭繹天語，一則曰：「明崇禎帝尚爲孜孜求治之主，祇以任用非人，卒致寇亂，身殉社稷。」再則曰：「亟爲闡揚，恐千載之下竟與失德亡國者同類并觀。」

嗚呼！宸鑒及此，不能不令人低徊嘆息。頌我皇上明并日月，發幽光於已流；德邁興王，昭公評於隔代。真前此紀載中未有之盛事也。茲工部遵諭，礲石既成，皇上特命臣之俊爲文以勒之碑。臣係故明累臣，矢殉溝壑，幸遘永清之會，再續餘生，既捧徽綸而感涕，益驚專命而徬徨。以謭陋昏髦如臣，何能追闡遺徽，仰副皇上表章之盛心？然不敢不就見聞所及，謬述其概，以竊附史官之職也。按崇禎帝本以英敏之資潛德藩邸，繼膺大統。當即位之始，正孽璫煽亂之餘，中外危疑，獨能不動聲色，剪除大憝，如秋風振槁。因目擊人心蠱壞，盡屬如夢如醉之流，法紀廢馳，釀成不痛不癢之習，鋭意更弦，猛圖法祖恤民，隱畏天灾，嘗疏食布衣，痛自貶損，講幄之咨詢不輟，平臺之召對屢勤，一段宵旰靡寧，想望太平之意，誠有如上諭所云「孜孜求治者」。假令當日有先憂後樂之臣，同心一德，匡濟時艱，小康猶可坐致。即或中材之佐，警戒綢繆，尚得彌縫歲月。其如恬愉積玩，貪黷成風，下吏之精神，專用以鑽營結納，大僚之好尚，唯在乎值高多金，以致民窮

盜起。然發難之初，不過西陲一隅，亦何難於國家全力制之。而上下相蒙，以賊爲諱，嘯聚之勢日熾月盛，攻城掠邑，有同破竹，然後舉國張皇，紛紛議選將、議抽兵、議加派、議設總理，總督重臣，臨渴掘井，毫無成算。以言剿則挫衄屢聞，以言撫則招徠無術。至於驕兵悍將，反借勢披猖爲獲身符，來不能禦，去不能追，遂蔓延流毒，秦晋、楚豫、巴蜀暨大江以北，所在騷然。而朝端之上，方争洛蜀之黨，目構玄黄之戰，厝火怡堂，獨以賊貽君父憂，間有一二耿介特立之士，以公忠體國

爲念，又往往不安於其位。一時内外文武事權在握者，無一實心辦職之人矣。致令仁明鋭志之主，不幸而丁中葉陵替之後，起弊扶衰，萬難措手，兼之孑然孤立於上，四顧盈庭，茫無可倚，譬如尫羸之夫，病之初中尚在膚膜、腠理之間，中醫猶能按脉而治，及耽延日久，深入膏肓，雖有盧、扁，救療安施。豈非天之所廢，莫能興之，而人謀不臧，適任其咎者耶？考史傳所載，凡末季亡國之君，覆車之轍，崇禎帝并無一蹈焉。乃身殉宗社，不引天亡之言，亦綦烈矣。嗟乎傷哉！有君

無臣，貽禍邦國，竟若斯哉！此明代往事之可爲痛哭流涕者也。我皇上深用惻憫，而欲亟爲闡揚，是即孔子當年作《春秋》之心，褒貶出乎至公，瑕瑜毋令相掩，俾天下後世讀《明史》者，咸知崇禎帝之失天下也，非失德之故，總由人臣謀國不忠所致。庶後之爲人臣者悚然知戒，而後之爲人君者亦知慎於用人也已。然則煌煌睿慮明乎致治，安邦勿玩小寇，而弭寇必以安民爲本，安民則又以知人爲本。此匪直昭一時之信史，實著萬世之常經。蓋永爲君若臣之寶鏡云。光禄大夫太保兼太子太師吏部尚書中和殿大學士臣金之俊奉敕恭撰。

順治十六年三月十五日建

重修府學廟碑記

王崇簡

順天府學宮之敝漶，廟宇之圮陋，不足以聳瞻嚮而興教化，非一日矣。鄉士大夫有意於此者數數也。絀於經費之繁多，所爲率群力以致庀者，碱甓瓷桷之間耳，求其去腐缺而就鞏固，化黯黝而爲絢麗，蓋未之能也。一旦嚴嚴翼翼，煥然奕然，則順天府府丞提督學政高公爾位之時，皇

清康熙之五年也。公甫莅任，念教化之原未有不本於學校，况京師首善之也，凋敗若此，何以肅觀瞻，以作士風。爰咨於府尹甘公，議協志合，經度盈縮，材不謀於衆，役不出於民，輸槖鳩工，規蠹剔朽，而大成之殿、翼殿之廡、櫺星之門，以及奎樓、启聖、鄉賢、名宦諸祠，靡不次第完善。繕度不給，復斥他羡以佐之，始於乙巳之八月，訖工於丙午之四月。其籌之之周，而成之之速，前此未聞也。士來肅謁其中，罔不歡忻舞鼓，稱説高公。既而少宰孫公承澤經過瞻禮，徬徨間以語予，思

有以記公之誼，而公亦望有以勉多士也。乃過予草堂，屬爲之記。予方愧以鄉人而無一緡之效，一役之力，敢不紀其實以載公之誼於無窮乎？昔董江都有言，治天下莫不以教化爲大務。立大學以教於國，設庠序以教於邑。其所以爲教化者非他，凡以明人倫而已！人倫既明，則人才自興。古者司徒之教，立之典常，民生而由君臣、父子、夫婦、兄弟、朋友之道，各適其性而安其處，而所以使之爲親義序别信者，則非由之之民所可及，必待民之秀所謂士者究宣其意，踐習服行之，

而後風可移，而俗可善也。則學校爲教化之由興，其重如此。今我爲士者，觀廟貌而忻悦，豈徒如緇流羽士之快得儭於所崇事而已哉。仰思先聖之垂訓，求乎子臣弟友之倫，即國家設學興教，惟此倫理之克盡天下，同此倫理，根於性則爲仁、義、禮、智之德，發於情則爲惻隱、羞惡、辭讓、是非之端，見於事則爲君臣、父子、夫婦、兄弟、朋友之常。聖賢經傳，諄諄告誡，無非欲人之無失其性。教衰俗溺，惑於嗜慾，逐於利害，偷合苟得之習靡，倫常迭迭多迕，是豈其性然歟，亦教化之失也。故在上者興學以訓迪之學問，以開發其天良，聲容以薰陶其才德，所爲不過六德、六行、六藝之間，漸摩之久，倫理著明，入則鮮不孝、不悌之行，出而備公卿大夫、百執事之選，將無違忠畔義之嗟。人才之盛，必由於學校，信然矣。非第此也，夫由之之民日見其在朝者忠於君，在家者孝於親，所以觸其專悫之彝，而信義敦厚之俗有不油然以成者乎。傳所謂「人倫明而小民親，親親長長而天下平」，則教化非致治之大務歟？嗟乎，今之孑孑然挾册而講肄，鼓篋而弦歌，貴於

由之之民而謂之士，若徒攻訓詁、侈詞章，以取科名爲能事，殆非公所以興起教化之心，亦非所以永公之誼於無窮之意矣。是役也，捐俸以助者，順天府甘公文焜、提督學政内國史院侍讀蕭公惟豫，司出納則署儒學教授宛平縣縣丞張君雲孫，而府照磨汪君湄則董工作者也。繼至爲今教授黃君忱孝，是宜並書。高公名爾位，字顯之，錦州人。

康熙五年歲在丙午十月吉旦立

傳

都門三子傳

王崇簡

于奕正，初名繼魯，字司直，宛平人。世强力殖産，號素封。奕正生而俊潔，喜讀書，性孝友。喪父，讓財於兄弟，獨居荒園。治舉子業，耻剿竊，爲文章在諸生中嶽嶽無所讓。其所交游，皆當世名人，以故多畏惡訕笑之者。奕正工爲詩歌，好游名山，嘗言：「秋山嚴静澹峙，如有道高人。」每於霜清木老時，驅驢而往，窮岩絶岫數百里間，無不周覽。遇斷碑，必披荆剔蘚以識之。或攀枯藤，躡危石，逾其絶頂，慨然賦詩，有超世

之概。當世名人來輩下者，皆知有于生。與楚譚元春友夏、劉侗同人尤稱友善。兩君來京師，必客其園，與同人著《帝京景物略》。崇禎乙亥，偕同人取道秣陵，遍歷名勝，將之楚會，友夏止之，遂歸。而疾作，卒於金陵旅舍。初，于生夢與故人郭聖樸舟入於壑，聖樸先是客死秣陵者。既而夢歸，見母手滌鼎三，指鼎耳問其環，母答：「兒無環矣。」寤，告友人曰：「三鼎，士之祭，母言非兆耶。死願擇秣陵一片地，與聖樸同葬焉。」既卒，同人曰：「達哉于生！雖然，死歸附於壠，禮也。」遂護其喪歸。楊曰補、顧與治刻其遺詩數十章，所著《金石志》、《樸草詩》與《景物略》行世。于生南行，將著《南京景物略》，竟以友夏不果，惜哉！子藻能世其業，同時都人士有崔子忠、黃鼒，皆以志行聞。

崔子忠，字青蚓，一名丹，字道母。其先山東平度州人，嘉、隆時，有仕至顯官者，子補蔭留京師，遂家焉，即其祖也。家故饒，萬曆間，上供珠玉諸珍貨，率僉京師富民辦納，中官勒抑，費不貲，復不時與直，家以此中落。子忠爲諸生，甚

貧，於六經無不讀，得諸戴《禮》者尤深。爲文崛奥，動輒千言，不加繩削而自合。督學御史左公光斗奇其才，置高等，食餼。及數試而困，慨然弃去，不復應試。華門土壁，洒掃潔清。冬一褐，夏一葛。妻踈裳布衣，黽勉操作。三女亦解誦詩。雖無終日之計，晏如也。工圖繪，爲絶技，時經營以寄傲。人有欲得畫者，强之不可得，山齋佛壁，則往往有焉。更善貌人，無不刻肖。平生不修刺謁勢人。當時貴人多折官位願與之交，皆逃避不顧。先是，子忠偕蔣生漁郎受業於宋公應登之門，同學宋氏兄弟既貴，爲大官，並不至其門。蔣生早死，則收輯其遺文，時爲人稱説之。不喜飲酒，一二三故人以文字過從，談竟日，不能去。當天啓時，閹竪魏忠賢用事，有國子生建議立祠太學，約其同舍生，生不敢顯絶，子忠教生蓬垢病卧以免。左公光斗爲閹竪陷詔獄，追毙而歸櫬，人莫敢近。時史公可法與予皆諸生，受知于公，史公就視於獄，予哭於郊，幾不測。子忠曰：「一生何愚也，不能爲魏邵之脱史弼於死，徒效郭亮、董班哭李固、杜喬，何益耶！」士自四方

來，慕其人，多謝不見。人或尤之，笑曰：「交游盛而明黨立，東漢之季可鑑也。」後果有以「復社植黨」言者，其識力過人如此。其人短小端飭，雙目炯炯，高冠草履，蕭然若在世外，不知貧賤之可戚也。所作詩歌、古文詞，人鮮知者，徒知其畫耳。董文敏公嘗謂其人文畫皆非近所嘗見。年五十，病幾廢。亡何，遭寇亂，潛避窮巷，無以給朝夕，有憐之而不以禮者，去而不就，遂夫婦先後死。

黄鼐，字惟梅，先世爲歙之望族。父俞能文，工書，應中書試，來京師，遂爲大興人。鼐生數歲，不與群兒嬉戲，長治六經子史，唐宋諸大家之言，無不博貫。世方尚速化之學，皆以通經學古爲迂，鼐所好顧若是。初爲順天學諸生，兄鼎中鄉試，嫉之者謗其非土著，遂業太學，受知於祭酒李公騰芳、倪公元璐。倪公月合太學諸生數百人，課以古今之文，鼐輒居前。效其文者率取上第，而已終不售。時文公震孟居政府，每問天下人才，倪公必稱黄生，將薦之朝，以讒去，不果。如劉公宗周、金公鉉、李公日宣、蔡公懋德，雅重

其人，與之談論文章、經濟，以至性命之學，輒窮日夜。尤矜細行，舉動必以禮。妻孥告不足，顧而笑曰：「吾道固如是。」客滄洲時，潰兵傅城而軍。乃夜縋城，過嚴圍，犬吠聲如豹，從火光中匍匐一夜，走二百里，抵某帥壁。師初不爲動，以計劫之，圍乃得解。同行八九人，追歸，止一二人耳。甲申，客萊州，聞寇變，避之勞山，浮海幾没。平生著述，盡没海水中。既而歸省，其兄弟或勸之科舉，笑不答。將復往海上，忽疽發於項，三日死。鼐卓偉有大略，每嘆草木同腐，卒不爲世用。

没時年四十有九。

宛平王崇簡曰：三子者，予時與之游，名迹殊方，而操行俱絶，所謂孤特超厲，無愧於心，放身而自得者非耶。雖無奇詭，足驚人耳目，然而生長都會紛靡之地，皆能潔身自負，無衆人之求，庶乎篤行之君子矣。嗟乎，使得用於世，其成名立方，優然有餘，而皆困蹶以死，是可悲也。夫負材能節義，沉淪於下，而行事不可考，或行義著聞，而文義不慨見，更歷歲時有不能道姓字者矣，故著論如此。自三子殁，予獨徘徊無所之，於今

昔之感，何可道哉！

箴

女史箴

張華

茫茫造化，二儀既分。散氣流形，既陶既甄。在帝庖犧，肇經天人。爰始夫婦，以及君臣。家道以正，王猷有倫。婦德尚柔，含章貞吉。婉嫕淑慎，正位居室。施衿結褵，虔恭中饋。肅慎爾儀，式瞻清懿。樊姬感莊，不食鮮禽。衛女矯桓，耳忘和音。志厲義高，而二主易心。玄熊攀檻，馮媛趨進。夫豈無畏，知死不悋。班妾有詞，割

歡同輦。夫豈不懷，防微慮遠。道罔隆而不殺，物無盛而不衰。日中則昃，器滿則微。崇猶塵積，替若駭機。人咸知飾其容，而莫知飾其性。性之不飾，或愆禮正。斧之藻之，克念作聖。出其言善，千里應之。茍違斯義，則同衾以疑。夫出言如微，而榮辱由茲。勿謂幽昧，靈鑒無象。勿謂玄漠，神聽無響。無矜爾榮，天道惡盈。無恃爾貴，隆隆者墜。鑒於小星，戒彼攸遂。比心螽斯，則繁爾類。歡不可以黷，寵不可以專。專實生慢，愛極則遷。致盈必損，理有固然。美者自美，

翩以取尤。治容求好，君子所讐。結恩而絶，職此之由。故曰：翼翼矜矜，福所以興。靖恭自思，榮顯所期。女史司箴，敢告庶姬。

贊

恭進皇上好生贊

馮銓

皇上乘乾御極十有六載，世飫天和，人酣地德，黎獻共臣，蒼生率俾，治教之隆，於斯爲盛。惟是飢溺由已，禹稷所懷，博施濟衆，堯舜猶歉。皇上以三才萬彙一體，而分乖和之徵，將爲否泰。今雨暘未若，氛祲尚縈，豈人事之或愆歟，何民生之寡遂也。於是憲臣敷言，指陳俗敝，遐陬溺女，宜在禁防。睿思惻然，痌瘝有軫，謂好生者上帝之心，至愛者父子之性，何爲男女偶异，生殺頓殊，豈惻隱時形於路人，而慘毒獨加於骨肉，愛養或施於异類，而殘害反始於人倫。傷和召灾，實兹爲咎。朕每於有罪深切哀矜，矧此無辜，尤宜憫恤，故當重爲科禁，遏其横流，但止嚴設刑章，以殺止殺，不如曲感天性，以仁興仁。特敕儒臣宣揚德意，布昭遐邇，開示愚蒙，將見蠢動，含靈群生，并遂勝殘去殺，萬國咸寧者矣。臣聞教訓

正俗，非禮不備；婚姻道始，風尚首關。古者男執不過皮幣，女執不過棗栗，昭其儉也。婚禮無節，斯養女者貪，嫁女破家，斯弃女者衆，虎狼知仁人心，寧忍非性，則异勢寔使然。皇上齊之以禮而王制行，道之以德而民風厚。太和洋溢，靈應駢臻。五風十雨之祥，景星慶雲之瑞，普天率土，拭目睹之。臣銓恭承詔命，拜手稽首颺言曰：

崑崙磅礴，一氣氤氳。元黄黔赤，同體攸分。飛潛動植，聚類甄群。跂行喙息，咸戴大君。吾皇克仁，先被四表。檠瓠析支，風行偃草。貴德尊賢，慈幼敬老。嘉與元元，同躋壽考。山川悠邈，民俗或頑。因循敝習，骨肉相殘。得男則舉，生女斯捐。於和召沴，悖道違天。維天好生，維皇時憲。泣罪敷恩，解網蘇困。哀憐女弱，申命重巽。俾我蒸民，在家無怨。甲令有赫，謨訓孔彰。道樞允握，化瑟用張。興仁作善，祛祲凝祥。德施不匱，萬壽無疆。

賦

秋霖賦

盧照隣

覽萬物兮切獨悲，此秋霖風横天而瑟瑟，雲覆海而沉沉，居人對之憂不解，行客見之思已深。若乃千井埋烟，百壥涵潦，青苔被壁，緑萍生道。子時巷無人迹，林無鳥聲，野陰霾而因晦，山幽暖而不明，長途未半，茫茫漫漫，莫不埋輪據鞍，銜凄茹嘆。借如尼父去魯，圍陳畏匡，將饑不爨，欲濟無梁，問長沮與桀溺，逢漢陰與楚狂。長櫛風而沐雨，永凄凄以遑遑。及夫屈平既放，登高一望，湛湛江水，悠悠千里，泣故國之長揪，見密雲之四起。嗟乎子卿，北海伏波，南川金河，別雁銅

柱，辭鳶關山，天骨霜木，凋年眺窮陰兮斷地，看積水兮連天。別有東國儒生，西都才客，屋滿鉛槧，家虛擔石，茅棟淋淋，蓬門寂寂，燕碧草於園徑，聚緑塵於庖甓。玉爲粒兮桂爲薪，堂有琴兮室無人。抗高情以出俗，馳精義以入神，論有能鳴之雁，書成已泣之麟。睹皇天之淫溢，孰不隅坐而含頻。已矣哉，若夫綉轂銀鞍，金杯玉盤，坐卧采璧，左右羅紈，流酒爲海，積肉爲巒，視襄陵與昏墊，曾不輟乎此歡。豈知堯禹之臞瘠，而孔墨之艱難。

詩

卷阿十章

有卷者阿，飄風自南。豈弟君子，來游來歌，以矢其音。伴奐爾游矣，優游爾休矣。豈弟君子，俾爾彌爾性，似先公酋矣。爾土宇昄章，亦孔之厚矣。豈弟君子，俾爾彌爾性，百神爾主矣。爾受命長矣，茀禄爾康矣。豈弟君子，俾爾彌爾性，純嘏爾常矣。有馮有翼，有孝有德，以引以翼。豈弟君子，四方爲則。顒顒卬卬，如圭如璋，令聞令望。豈弟君子，四方爲綱。鳳凰於飛，翽翽其羽。亦集爰止。藹藹王多吉士，維君子使，媚於天子。鳳凰於飛，翽翽其羽，亦傅於天，藹藹王多吉人，維君子命，媚於庶人。鳳凰鳴矣，於彼高岡。梧桐生矣，於彼朝陽。菶菶萋萋，雝雝喈喈。君子之車，既庶且多。君子之馬，既閑且馳。矢詩不多，維以遂歌。

易水歌

荆軻

風蕭蕭兮易水寒，壯士一去兮不復還。

擬古

張華

松生壠坂上，百尺下無枝。東南望河尾，西

北隱崑崖。剛風振山籟，朋鳥夜驚離。悲涼貫年節，葱翠恒若斯。安得草木心，不怨寒暑移。

石鼓歌

韓愈

張生手持石鼓文，勸我試作石鼓歌。少陵無人謫仙死，才薄將能石鼓何。周綱陵遲四海沸，宣王奮起揮天戈。大開明堂受朝賀，諸侯劍珮鳴相磨。蒐於岐陽騁雄俊，萬里禽獸皆遮羅。鐫功勒成告萬世，鑿石作鼓隳嵯峨。從臣才藝咸第一，簡選撰刻留山阿。雨淋日炙野火燒，鬼物守護煩撝訶。公從何處得紙本，毫髮盡備無差訛。

辭嚴義密讀難曉，字體不類隸與蝌。年深豈免有缺劃，快劍斫斷生蛟鼉。鸞翔鳳翥衆仙下，珊瑚碧樹交枝柯。金繩鐵索鎖紐壯，古鼎躍水龍騰梭。陋儒編詩不收入，二雅褊迫無委蛇。孔子西行不到秦，掎摭呈宿遺羲娥。嗟予好古生苦晚，對此涕泪雙滂沱。憶昔初蒙博士徵，其年始改稱元和。故人從軍在右輔，爲我量度掘臼科。濯冠沐浴告祭酒，如此至寶存豈多。氈包席裹可立致，十鼓祇載數橐駝。薦諸太廟比郜鼎，光價豈止百倍過。聖恩若許留太學，諸生講解得切磋。

觀經鴻都尚填咽，坐見舉國來奔波。剜苔剔蘚露節角，安置妥帖平不頗。大厦深檐與蓋覆，經歷久遠期無他。中朝大官老子事，詎肯感激徒媕婀。牧童敲火牛礪角，誰復著手爲摩挲。日銷月鑠就埋没，六年西顧空吟哦。羲之俗書趁姿媚，數紙尚可博白鵝。繼周八代征戰罷，無人收拾理則那。方今太平日無事，柄用儒術崇丘軻。安能以此上論列，願借辯口如懸河。石鼓之歌止於此，於乎吾意其蹉跎。

樓桑先主廟

劉夢得

天下英雄起，千秋尚凛然。勢分三足鼎，業復五銖錢。得相能開國，生兒不象賢。凄凉燕故妓，來舞魏宫前。

贈范陽徵君盧鴻

李白

陶令辭彭澤，梁鴻入會稽。我尋高士傳，君與古人齊。雲卧留丹壑，天書降紫泥。不知楊伯起，早晚向關西。

幽州新歲作

張説

去歲荆南梅似雪，今年薊北雪如梅。共知人事何嘗定，且喜年華去復來。邊鎮戍歌連日動，

京城燎火徹明開。遥遥西向長安日，願上南山壽一杯。

山林休日田家　盧照鄰

歸休乘暇日，饁稼返秋場。徑草疏王篲，岩枝落帝桑。耕田虞訟寢，鑿井漢機忘。戎葵朝委露，齊棗夜含霜。南澗泉初冽，東籬菊正芳。還思北窗下，高卧偃羲王。

薊門　高適

幽州多騎射，結髮重横行。一朝事將軍，出入有聲名。紛紛獵秋草，相向角弓鳴。

劍客　賈島

十年磨一劍，霜刃未曾試。今日把似君，誰有不平事。

尋隱者不遇　前人

松下問童子，言師采藥去。只在此山中，雲深不知處。

咏荆軻　柳宗元

燕秦不兩立，太子已爲虞。千金奉短計，匕首荆卿趨。窮年徇所欲，兵勢且見屠。微言激幽憤，怒目辭燕都。朔風動易水，揮爵前長驅。函

首致宿怨，獻田開版圖。炯然耀電光，掌握罔正夫。造端何其鋭，臨事竟趦趄。長虹吐白日，倉卒反受誅。按劍赫憑怒，風雷助號呼。慈父斷子首，狂走無容軀。夷城芟七族，臺觀皆焚污。始期憂患弭，卒動灾禍樞。秦皇本詐力，事與桓公殊。柰何效曹子，實謂勇且愚。世傳故多謬，太史徵無且。

軒轅臺　陳子昂

北登薊丘望，求古軒轅臺。應龍已不見，牧馬生黄埃。尚想廣成子，遺迹白雲隈。

燕昭王　前人

南登碣石館，遥望黄金臺。丘陵盡喬木，昭王安在哉。霸圖悵已矣，驅馬復歸來。

田光先生　前人

自古皆有死，殉義良獨稀。柰何燕太子，尚作田生疑。伏劍誠已矣，感我涕沾衣。

安樂窩中自貽　邵雍

物如善得終爲美，事到巧圖安有公。不作風波於世上，自無水炭到胸中。灾殃秋葉霜前墜，富貴春花雨後紅。造化分明人莫會，枯榮消得幾

何功。

清夜吟　前人

月到天心處，風來水面時。一般清意味，料得少人知。

涿鹿　文天祥

我瞻涿鹿野，古來戰蚩尤。軒轅此立極，玉帛朝諸侯。歷代遷關河，雁風吹寒秋。邇來三百年，王氣鍾幽州。

樓桑廟　三首　朱熹

江表孫郎藉父兄，阿瞞挾主效狐鳴。蛟龍不合池中老，匕箸何勞座上驚。時事正神桑葆蓋，夕陽又下錦官城。〔注一〕蕭條千古風雲會，誰問人間有孔明。

樓桑大樹翠繽紛，鳳鳥時鳴曾一聞。合使本支垂百世，詎知功業只三分。空村常帶燕山雪，古廟猶飛蜀道雲。尚賴偏方傳正統，離離芳草半斜曛。

誰憐漢室竟三分，桑柘枯條帶落曛。遺老凋零披草莽，故宮慘淡會風雲。龍飛舊國傳今日，龜載穹碑篆古文。俯仰空成詩客恨，啼烏滿樹不

〔注一〕「官」，原本爲「宫」字，誤。

堪聞。

護駕松（金章宗失足，得松護之。） 無名氏

鑾輿西幸日重輝，五老掀髯拱翠微。風撼碧濤寒落座，鶴翻清露冷沾衣。根柯夭矯蟠金輦，枝葉陰森障綉幃。記得瑶池開宴處，蘿花香裏駐旌旗。

玉河 馬祖常

御溝春水曉潺湲，直似長虹曲似環。流入宫墻纔只尺，便分天上與人間。

海子橋 盧亘

馳道塵香散玉珂，彤樓花暗弄雲和。光風已轉瀛洲草，細雨微添太液波。月榭管弦催曙發，水亭簾幕受寒多。少年易動傷春感，唤取青霞對酒歌。

盧溝橋 陳孚

長橋彎彎飲海鯨，河水不濺冰峥嶸。遠鷄數聲燈火杳，殘蟾猶映長庚横。

道上征車鐸聲急，霜花如錢馬鬣濕。忽驚沙際金影摇，白鷗飛下黄蘆立。

盧溝橋北上 楊榮

河聲流月漏聲殘，咫尺西山霧裏看。遠樹依稀雲影澹，疏星寥落曙光寒。石橋馬迹霜初滑，茆屋鷄鳴夜未闌。北上已看雙闕近，五雲深處是金鑾。

金臺行

唐順之

君不見七雄割據勢相均，得士者富失士貧。燕昭信義明日月，不惜千金買駿骨。郭卿談笑吐深謀，海内賢豪競馳突。就中樂生尤絶奇，按劍魏朝人豈知。一朝遇主同心腹，親屈君王爲推轂。指揮燕兵百餘萬，蹴踏齊城七十六。於今六

合無并吞，寂寞古臺空復存。少年未上麒麟閣，且學陸沉金馬門。

題昌平劉蕡祠

前人

歲暮江山摇落時，客來下馬入荒祠。獨傷往事堪流涕，欲問遺墟不可知。璧玉無因終易弃，龍鱗有逆竟難披。今日登科還我輩，對君顔厚更何辭。

昌平劉蕡祠

王鰲

荒灣野木古城隅，何處昌平是舊盧。氣帶幽燕多感慨，策如鼂董亦迂疏。同時下第誰云屈，

此外求言總是虛。不盡懷賢千古意，執鞭無路欲何如。

劉蕡祠 程敏政

三年重拜諫臣祠，手掬寒泉酹一巵。氣節可與天下士，蒸嘗無愧社中師。對庭舍子嗟唐策，憂國憑誰續《楚辭》。今日萬幾歸聖斷，有臣應恨不同時。

帝京篇 焦紘

星躔奠箕尾，光熠滿皇州。共睹天居壯，安知地肺浮。太行千里排空下，黃河幾曲回奔馬。日月高臨碣石門，風雲長護幽并野。紫殿絪緼接上臺，銅龍雙闕徹明開。柳迎御仗垂垂發，花拂仙韶裊裊迴。千門窈窕群官入，鳷鵲虛明鵷鷺集。上公車轂挾星飛，内史衣香沾露濕。星飛露濕日悠悠，更有驕奢恩澤侯。金張夜月連錢驥，趙李春寒翡翠裘。説客常持小冠出，公子時飛高蓋游。追游翠黛棼相接，含態含嬌情未歇。相看蟬鬢步生花，半度羊車行就葉。日移調馬埒，雲擁鬥鷄場。緩轡回長樂，鳴笳出未央。東觀風光歷未能，西山覽結復堪登。濺濺寒水懸千澗，艷

艷朝霞冪九陵。九陵千澗復參差，仙觀僧藍兩湫飲。飛揚校尉偏能獵，供奉才人總解詩。西湖歸路酒方酣，十里芙蓉萬頃潭。錦纜瓊舟連塞北，水秧堤柳類江南。漢主離宮郿足數，秦關百二空雄武。何似車書今日同，萬方玉帛歸仁主。門掩青春著作盧，花光夜色映空虛。時平願獻《三都賦》，肯學相如《封禪書》。

燈市篇

倪啓作

律轉熹辰屬春序，長安作市連燈聚。五劇三條結陣來，衆口喧騰祝晴曙。廓市開廛詢稅息，一椽一屋紛蟻密。越羅楚練麗新輝，周鼎商彝騰舊色。百貨交重列兩邊，南北奇珍次鱗集。貴者涌價千黃金，賤以銖兩爭微直。戚里連鑣至，侯門步屧過。綠幘張雲繖，金貂盛綺羅。手擲蚨錢無吝惜，追陪左右入肩摩。原涉庭中豪客滿，田文門下盜雄多。復有少年輕薄兒，纏綿結伴隨所之。等閑游戲無一事，前子後喁如有期。蹀躞飄塵看絡繹，妖童冶女闌街立。群兒又賀太平年，撾鼓喧闐無剩隙。俄見頹陽入西暮，家家宴息燃燈燭。銅芝金藕吐晶先，熒煌炫轉彌幽曲。燕地

龍膏曜百里，紫焰丹塵布霞綺。寶騎香輪何處來，儃佪細認朱門裏。朱門連錦幕，複閣乘雲起。玉案薦琅玕，銀兕列雕几。窮眸一顧氣芬郁，鼎爇都梁發奇馥。兩街臨望未分明，但見珠簾映青玉。處處歌筵調部律，雕桐寶瑟和笙笛。一曲崑崙轉六么，東樓妙韵西無敵。龍香板，鶡觔弦，抽撥淒鏘更可憐。憑將舞袖翻新劇，教坊纔授李龜年。炮花齊發吐朱絲，金菊葡萄滿樹梨。好事多方構奇製，幻作浮圖燈百枝。此時見燈不見市，嘈嘈失聽聲音碎。狂客使酒似潁川，醉奴狼籍當

罏睡。一年良夜能幾時，明日陰晴迴未知。玉缸倒盡紅螺竭，帝里春光醉莫辭。春浮帝里異鄉俗，士民同奏升平曲。願祈歲歲樂如斯，君王常賜光明燭。

燕京歌　劉效祖

元日初分庭燎光，君王親御紫霞觴。不知五夜春多少，白日猶聞蠟炬香。

燕臺懷古　岳正

督亢陂荒蔓草生，廣陽宮廢故城平。秋風易水人何在，午夜盧溝月自明。召伯封疆經幾換，

荆卿事業尚虛名。黃金不置高臺上，似怪年來士價輕。

元夕咏冰燈

唐順之

正憐火樹斗春妍，忽見青輝映夜闌。出海蛟珠猶帶水，滿堂羅袖欲生寒。燭花不礙空中影，暈氣疑從月裏看。爲語東風暫相借，來宵還得盡餘歡。

盧溝曉月

李東陽

霜落桑乾水未枯，曉空雲盡月輪孤。一林燈影稀還見，十里川光澹欲無。不斷隣鷄催短夢，頻來征馬議長途。石欄橋上時翹首，應傍清虛憶帝都。

瓊島春雲

蕭時中

祥雲天上擁瑶岑，縹緲絪縕接上林。光絢九重頻捧日，陰連萬井欲爲霖。三春煖濕花枝重，九陌晴涵樹色深。何必蓬瀛滄海去，從龍長想此登臨。

太液晴波

林環

池頭旭日散輕烟，開鏡清光近九天。翠柳長條經雨後，緑蘋香暖得春先。御橋流出通金水，

仙脉分來自玉泉。在鎬幾回陪宴樂，永歌魚藻繼周篇。

薊門烟樹

李東陽

薊門城外訪遺踪，樹色烟光遠更重。飛雨過時青未了，落花殘處緑還濃。路迷南郭將三里，望斷西林有數峰。坐久不知遲日霽，隔溪僧寺午間鐘。

玉泉垂虹

楊榮

一脉清泠蝃蝀懸，涵雲浴霧自年年。聲回曉闕鳴清珮，影落秋崖濕紫烟。石罅轉來幽澗裏，瑶池分出御橋前。汪洋長此恩波闊，萬古東流會百川。

金臺夕照

王洪

山色微茫映古臺，平原千里夕陽開。誰知碧草遺基在，曾見黄金國士來。樹遶河流天外去，鳥翻雲影日邊回。清時自重非熊叟，〔注一〕不獸奇謀得俊才。

居庸叠翠

王英

千峰高處起層城，空裏岧嶢積翠明。雲静芙蓉開霽色，天清鼓角散秋聲。北連紫塞烽烟斷，

〔注一〕「非」原本誤爲「飛」。熊，指周文王卜得「非虎非羆」之辭而得呂望於渭陽。古時熊羆連稱，後遂以「非熊」爲姜太公之代稱。劉侗《帝京景物略》引此作「非」，據改。

南接金臺驛路平。此地由來稱險峻，萬年形勢壯神京。

西山霽雪 金幼孜

海上雲收旭景新，連峰積雪净如銀。晴光迴入千門曉，淑氣先迴上谷春。瑶樹生輝寒已散，瓊林銷凍暖偏匀。玉堂相對題詩好，移席鈎簾坐夕輪。

香山次韵 王守仁

尋山到山寺，得意却忘山。岩樹坐來静，壁蘿春自閑。樓臺星斗上，鐘磬翠微間。頓息塵寰念，清溪踏月還。

宿功德寺 前人

山行初試夾衣輕，脚軟黄塵石路生。一夜洞雲眠未足，湖風吹月渡溪清。

游靈巖寺 薛瑄

靈巖有路入烟霞，臺殿高低釋子家。風滿迴廊飄墜葉，水流絶澗泛秋花。青松閲世風霜古，翠石題名歲月賒。誰謂無生真可學，山中亦自有年華。

望湖亭 文徵明

寺前楊柳緑陰同，檻外晴明白映空。客子長堤嘶倦馬，夕陽高閣送飛鴻。天浮野色行踪外，人在扁舟落照中。三月燕城花滿地，春光都向碧雲東。

平坡寺

王洪

日華初上最高東，玉樹凝輝在半空。佳氣迴浮丹鳳闕，清光遥入翠微宫。松崖寒逐春風散，雲嶠晴含夜月融。青瑣朝回頻極目，都將郢曲咏年豐。

樓桑廟

殷謙

江東誰復憶孫郎，銅雀臺荒幾夕陽。惟有祥桑故時宅，賽神蕭鼓一春忙。

燕京篇

李攀龍

燕京豪俠地，杯酒爲君陳。雙闕西山下，諸陵北海濱。薊門行雨雪，黍谷變陽春。鄒衍初臨碣，荆軻故入秦。黄金來駿馬，白璧聘佳人。定鼎還先帝，千年正紫宸。

通惠河

周祚

宛宛漕渠天上來，金堤玉壘聖人開。仙槎合傍銀河挽，粟米如山繞鳳臺。

碧雲寺 郭正域

紺宇接城平，鞧軒傍水行。參天宫柳直，入寺梵鐘鳴。度壑雲仍濕，穿林鳥乍驚。偶尋支遁榻，石上話三生。

易水行 李東陽

田光刎頭如拔毛，於斯血射秦雲高。道傍洒泪沾白袍，易水日落風悲號。督亢圖窮見寶刀，秦皇繞殿呼且逃。方脱虎口争秋毫，荆卿倚柱笑不咷。身就斧鑕甘腴膏，報韓有客氣益豪。十日大索徒爲勞，荆卿荆卿嗟爾曹。

賜藕 前人

祇向名花看畫圖，忽驚仙骨出泥塗。輕同握雪愁先碎，細比餐冰聽却無。郭北芳菲懷故里，江南風味憶西湖。渴塵此夜消應盡，未羡金莖與玉壺。

游西山 前人

下馬溪橋散步行，暑風絺紵入林青。村稅野飯匆匆發，碧水青山面面迎。踏盡平堤憐草緑，到來幽谷見雲生。西湖勝事年年别，幾日愁多不出城。

玉泉道中　　前　人

日照山山紫翠生，雨餘秋色更分明。蜃樓出霧東浮海，雉堞連雲北遶城。舊識郵亭犹問路，漸多僧寺不知名。十年幾度登臨約，未盡平生吏隱情。

立春詣南郊　　前　人

暖香和霧遶蓬萊，彩仗迎春曉殿開。北斗舊杓依歲轉，南郊佳氣隔城來。雲行複道龍随輦，霧散仙壇日滿臺。不似漢宗還五時，甘泉誰羡校書才。

顯靈宫　　頓　鋭

星月浮璇闕，雲雷繞絳宫。虬軒開顥氣，鶴馭下罡風。道演濠梁叟，經傳河上公。鼎封龍虎伏，萬境寂寥中。

香山寺　　曹子登

爲看雲晴處，招提得便尋。山空青靄暮，徑僻緑蘿陰。過石聞泉響，停鐘即鳥吟。衆喧來一静，半日客閑心。

香　山　　丁乾學

望望青山石徑通，藤蘿披盡出珠宫。千峰烟

霧來衣潤，萬里關河入掌窮。雨過鳥飛雲氣裏，鐘鳴人在夕陽中。登高瞻闕重回首，天外寥寥看遠鴻。

登報國寺毘盧閣

屠隆

關山萬里毘盧閣，坐傍空王覽薊丘。雙闕晴臨千樹出，高城寒抱太河流。西風浩蕩開秋色，落日蒼茫引暮愁。奈何登高復送遠，〔注一〕將人對酒不能酬。

報國寺松

于奕正

帝闕鴻濛已秦庸，乃留大力生雙松。一枝各

具一國土，豈但屈曲學山峰。縱之横之勢屢變，左濤右影遥相戀。不藉風雨自能立，亦不日月不雷電。神物之生豈無爲，奕奕王氣繞繚之。拜手我松識天意，我松益茂丕我基。惟茲受命獨也正，不必岩阿遂幽性。天人肅肅松光中，誰歟守者西方聖。

上方山

馮有經

層巒沓嶂擁林丘，老檜長楸夾道稠。苔護斷文留古勒，雲移叠石架危樓。連峰恒碣天光霽，極目幽并雁影浮。七十庵中當落日，鐘聲齊發萬

〔注一〕「何」，原本爲「可」，據改。

山秋。

漫園 米萬鍾

三年放出北山農，時看狂雲失亂峰。歸沐棲雖仍落落，樂飢流幸尚淙淙。鑑湖他日無須乞，彭澤今時好自容。桃李笑非零露地，且依秋水醉芙蓉。

勺園 前人

竹月夜窗虛，蕭蕭凉梦破。清影半依人，疏鐘獨聽卧。

洪光寺尋蓮池舊迹 劉餘澤

石磴攀躋意未闌，流泉瀉影濺衣寒。燈懸白日花間出，徑擁青巒雲裏盤。地古松蘿枝殆盡，春深澗壑雪初殘。逢僧欲訂蓮花社，轉意滄桑幾度看。

善果寺 張國鋭

虎溪閑步晚相過，帶月松枝挂薜蘿。莫道禪棲城市裏，白雲深處更婆娑。

娑羅樹歌 于奕正

不知老樹植何代，西山一片娑羅名。大葉小葉青如剪，千螺萬螺繞根生。階前數畝數百載，

日影不向其中行。頃耳忽聞雨大作，穿樹乃見遠天晴。爲問人間誰與偶，漢柏是弟秦松兄。譚子昂首向余説，參山曾見蔽日月。

滴水岩 崔子忠

石以當空立，岩如急就成。雨花山廟濕，雷樹羽宮晴。絶壁洪荒在，陰疇晦朔并。古潭龍夜語，徐戞應泉聲。

荆州道中 張永禎

匹馬漁陽道，休嗟行路難。霜林無定葉，秋水有餘寒。古塞斜陽下，征鴻衰草殘。盤山凝望裏，烟外出層巒。

水源頭 倪元璐

山將林樹晚烟肥，茅屋人家紅葉飛。我説是秋都不信，此間春却未曾歸。

李文正公祠 馬兆霖

卜居帝城西，委巷一軒小。日聽車馬聲，彌使孤情悄。偶出坦荒步，破閭隱叢篠。人情歸寂寞，古樹家寒鳥。題額空峻嶒，故相聲名表。大業在綸扉，意曲行則矯。凶竪禍紳纓，護持向幽杳。史氏或煩言，私裏諒獨曉。我生百年後，讀

史心皎皎。回望烟樹中，石闕正縹緲。

過張華故宅 姜應甲

荒然一宅晋春秋，漫漶難憑指故丘。匣劍已聞穿屋去，非欄猶見傍村留。姓多孫子惟耕鑿，居散圖書憶較讐。四百餘篇傳十卷，當年《博物》未全收。

過易水 熊文舉

意憤無成敗，當年太子丹。雨餘青督亢，風起白衣冠。一匕龍魂奪，三歌馬角寒。漸離虛擊筑，酒半不生還。

宿天寧寺見塔光 王世貞

飛光聳岧嶢，迴風萬鐸囂。神光發寶樹，定力轉金標。熠燿渾難擬，熹微迴不消。晦驚春月上，昏憶曙星摇。法雁珠頻吐，神龍燭乍飄。一燈破幻劫，萬界出沈寥。自失迷津晚，俄然覺路邀。不須求指示，净域本非遥。

卧佛寺聽泉 姚希孟

誰將石齒齒，漱出玉潺潺。亂瀉松濤急，分敲竹韵間。雲深澌静夜，月落響空山。一枕猶堪夢，飛瓊接珮環。

督亢道中

董其昌

誰知燕地有西湖，沃壤長堤督亢圖。爲問黃金臺上客，得尋説劍酒人無。

拜文丞相信國寺

金鉉

復姤自天運，臣道無中窮。矧躬切載輿，肯與岷嵩同。殉節上所恒，寧是矜子功。所服工文章，毅然任除戎。王事損自奉，瘏馬馳驄驄。棘行若履坦，所在吟凄風。一息苟可奮，安忍即於聾。堪憐生祭者，不足語微衷。求以黃冠歸，思因成旅隆。一死固所甘，但惜炎運終。俯身歌正氣，翼翼神如通。

過蒯通墓

前人

舌盛亦有時，宜秦不宜漢。君若覲七雄，萬户如掇擲。胡爲赤帝子，大言與爲難。向使動假齊，後勁作何幹。我亦知君才，力能倒治亂。死令尚可生，逐鹿豈難絆。其如大事定，幾爲相背痯。千載猶氣奮，不肯讓人畔。

瀛臺早直

王崇簡

藜閣蓬山曉景迷，輕風剪剪襲重綈。朝霞落水紅初散，新柳籠烟緑已齊。縹緲香飛仙掌外，

從容人到鳳池西。十年作賦慚難就，又見流鶯上苑啼。

上巳登圓殿　前人

邃宇層臺俯碧流，林光木影鏡中浮。風來旖旎垂雲秀，松下陰森入月幽。自是璚壇依紫極，何如蓬島在芳洲。年華代謝成今古，倚徙閑看波上鷗。

宿來青軒懷舊　前人

倚空簾檻半岩横，携笈曾經聽鳥鳴。歲久尚存前侍者，今來猶是舊書生。已無崖樹當軒色，

未改流泉繞澗聲。一榻依然清夢穩，青山饒有故人情。

豐臺看芍藥　前人

豐臺烟景秀，芍藥擅幽姿。藉草欣容膝，看兒學灌畦。花香風定後，鳥語夕陽時。欲築林邊屋，循階引水宜。

自中峰庵至秘魔崖　孫承祖

幾灣青嶺亦崚嶒，指點霜紅一杖登。古壑有龍雲不定，故河無水礫爲徵。細搜秋色煩來客，未認荒碑問主僧。日暮千林烟氣合，隔溪隱隱透

寒燈。

崇化寺

沈光裕

幻住無端路不窮，緣時端有夢來通。一漚渾水奔芝底，四壁寒山落枕中。紅柿株株齊灼火，白楊葉葉亂敲風。秋雲夜出忘歸去，散作來朝花雨空。

遵化撫署種花

宋權

不改河陽興，老來尚種花。温存如故土，辛苦獲生芽。風雨隨春令，鉦旗肅午衙。遥知烟樹裏，東作幾千家。

元旦觀燈

朱國壽

鳳城蕭鼓沸，此夕有誰眠。花逐香車去，燈邀寶騎還。暖風薰客醉，明月共人圓。莫惜東方白，流光又二年。

退谷

李爽堂

淙淙亂玉出深林，漸引游情好退尋。古洞探幽疑灝窅，高臺溯往發蕭森。攜將一片空明想，來聽三秋水竹音。怪底青山頻入夢，初衣旦暮願披襟。

盧溝橋

魏裔介

天末陰雲垂，烟水冥濛氣蕭瑟。紅牙板拍靈鼉鼓，龍笛啁啾雜雨急。白墮頻浮琥珀杯，秦青獨擅梨園部。響聲遏雲雲不行，鳧鷗泛泛珍珠傾。潛蛟起舞游魚出，何如張樂臨洞庭。共君掌中杯莫空，須臾那能測陰晴。海水三見揚塵土，紅顔無幾成衰翁。君不見昭王昔築黄金臺，千年廢址生蒿萊。又不見荆卿擊筑燕市歌，壯士蕭蕭逐游波。瀲灎魚藻塘，葸蒨郊壇樹。不見當時人，猶存歌舞處。都城游騎日暄闐，朝暮風光自來去。鳥歸樽有酒，歌未央，蜉蝣天地間，何爲多憂傷。

亭暮高臺凉，玻璃千頃何蒼茫。安得長繩繫白日，接䍦倒着濯滄浪。

咏金臺

申涵光

我聞燕山側，昔有黄金臺。千金買馬骨，遂有壯士來。壯士不爲金，感君重士心。君王不愛馬，馬死鹽車下。感會成風雲，動名難俱偶。肯在泥塗中，㮮然窮谷叟。我來屬時危，荒臺迹已没。昭王不可求，坐看燕市月。

黄金臺

楊思聖

日夕登高臺，云是昭王墓。野雲蓋枯草，下

見征人路。伯圖既消歇，山河亦已故。徒有黄金名，千載令人慕。

其二　前人

燕市豪俠窟，擊筑事屠狗。酬恩借一言，殺身常恐後。吾有平生劍，芒寒夜觸斗。含笑當贈誰，感激空在手。寥寥今千年，斯人不復有。

燕山苦寒行　李霨

燕山一夜雪後風，重衾裹足如水中。日車蹙縮藏曉紅，人履河腹聲冲冲。推擊綆挽撼鮫宫。

高梁橋行　李雯

高梁橋水揚素波，流光回曲春風多。垂楊遠幕碧天際，紅樓高影彈雲和。織文氍毹金叵羅，五陵豪貴相經過。美人半面隔秋水，道上徒看紅錦靴。寶馬連錢映芳草，健兒聳身若飛鳥。一箭射穿楊柳枝，回頭不覺金樽倒。畫舫龍舟不記年，長堤御路臨青渺。西山落花流水香，風吹拂面開懷抱。烟景何如九曲池，惜無羽觴流參差。此地清明兼上巳，金人捧劍來何遲。但聞北客歌飲馬，不唱江南楊花兒。孫公長咏王公醉，競騎小馬當風馳。當風忽入紅塵去，幢幢遠見青松

桑乾直下連滄海，夭矯青龍控帝畿。寥落長空寒過雁，朦朧烟樹曉聞鷄。香山晴氣歸雙闕，榆塞風霜上馬蹄。咫尺五雲頻眺望，春風已到帝城西。

報國寺海棠歌　成克鞏

長安三月盛繁華，主人招我來看花。垂鞭立馬走古寺，海棠一樹當風斜。我聞此花名種來西蜀，移來蘭若同金谷。輕盈雲舞緑參差，縹緲烟籠紅躑躅。艷陽已占姚魏先，同時百卉誰爭妍。風光歲歲雕欄外，歌舞朝朝綺席前。綺席雕欄還

似昨，侯家戚里游春約。桃花寶騎玉鞭驕，茱萸美錦羅襦薄。春郊十里昔如雲，只今寂寞對斜曛。歸鞍共惜花簪帽，聯袂誰傳蝶舞裙。冶游還逐春風變，游絲十丈空飛卷。與君拚飲尊前琥珀光，明日落花飛片片。

金魚池　梁清標

長安赤日如火然，僕夫刺促車塵間。金魚池頭管弦動，吾兄此地張高筵。堂上風簾挑竹簟，門外騕褭鐵連錢。舉觴半是神仙客，皎皎照人稱玉尺。揮麈四座笑語清，荷風剪剪行几席。欻忽

樹。極樂寺前下馬看，幹如青銅蒼龍顔。我欲長眠卧其上，咫尺如在浮雲間。不可得，還歸來，臨岐忽憶行吟處，山上碧桃花正開。

游海淀 田種玉

清秋人意豁，引興到郊西。金谷昔輝暎，豪梁今品題。插天石劍矗，拂地柳絲齊。静語疑身隱，芰香滿袖携。

摩訶庵 朱壽都

短褐重來笑此身，幾堪歲月習風雲。覓林哀鳥如歸客，對户青山似故人。繞砌蛩螿僧榻冷，一庭烟雨菊籬新。飄摇我獨悲萍梗，莫怪當歡泪滿巾。

